D0850658

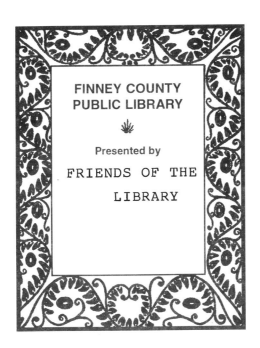

DESCUBRIENDO DINOSAURIOS

por Janet Riehecky
ilustraciones de Helen Endres

THE CHILD'S WORLD

MANKATO, MN

Con el más sincero agradecimiento a Bret S. Beall,
Coordinador de los Servicios de Conservación para
el Departamento de Geología, Museo de Historia
Natural, Chicago, Illinois, quien revisó este libro
para garantizar su exactitud.

Library of Congress Cataloging-In-Publication Data
Riehecky, Janet, 1953-
[Discovering dinosaurs. Spanish]
Descubriendo dinosaurios / por Janet Riehecky;
ilustraciones de Helen Enders.
p. cm.
ISBN 1-56766-137-8
1. Dinosaurs--Juvenile literature.
[1. Dinosaurs. 2. Spanish language materials.]
I. Enders, Helen, ill. II. Title.
QE862.D5R4318   1994
567.9'1-dc20   93-46847

DESCUBRIENDO
DINOSAURIOS

Aunque hay misterios que rodean el mundo de
los dinosaurios, los científicos han descubierto algunas
cosas sobre cómo era dicho mundo. Herbívoros
mansos vagaban buscando alimentos. Carnívoros
fieros los seguían, también en busca de comida.

Los científicos han descubierto que había
muchas clases diferentes de dinosaurios. Algunos
vivían en manadas con los de su clase,
colaborando, cuidando a sus crías, y
defendiéndose contra los enemigos. Otros eran
animales solitarios.

Conocemos muchos datos de este tipo sobre
el mundo de los dinosaurios, pero ¿cómo hemos
aprendido esas cosas? Cuando los dinosaurios
vivían no había gente en la tierra.

Sabemos que los dinosaurios existían porque los científicos han descubierto fósiles: huesos, dientes, huellas, garras y huevos que se han endurecido durante millones de años hasta hacerse rocas. En un tiempo, la gente pensaba que los huesos gigantes que se habían descubierto pertenecían a elefantes, o a otros animales enormes conocidos. Ni siquiera sabían que existían seres tales como los dinosaurios. Pero en los años 1820 ocurrieron dos sucesos importantes que llevaron al descubrimiento de dinosaurios.

En 1882, una mujer llamada Mary Ann Mantell
encontró algunos dientes muy viejos y muy grandes en
un montón de grava. Le mostró los dientes a su esposo,
el Dr. Gideon Mantell, quien se interesaba por los fósiles.

Al Dr. Mantell le resultó muy difícil determinar a
qué criatura pertenecían esos dientes. Se dirigió a la
cantera de la que provenía la grava y allí encontró más

dientes y algunos huesos. Llegó a la conclusión de que
los dientes y los huesos pertenecían a un reptil
enorme, mucho más grande que ninguno de los
animales que vivían en aquel entonces.

El Dr. Mantell aprendió que los dientes que su esposa había encontrado se parecían a los del lagarto iguana, pero aquéllos eran muchísimo más grandes. Se imaginó al animal de cuya boca podían provenir dichos dientes como un lagarto iguana gigante y lo llamó Iguanodonte, que quiere decir "diente de iguana".

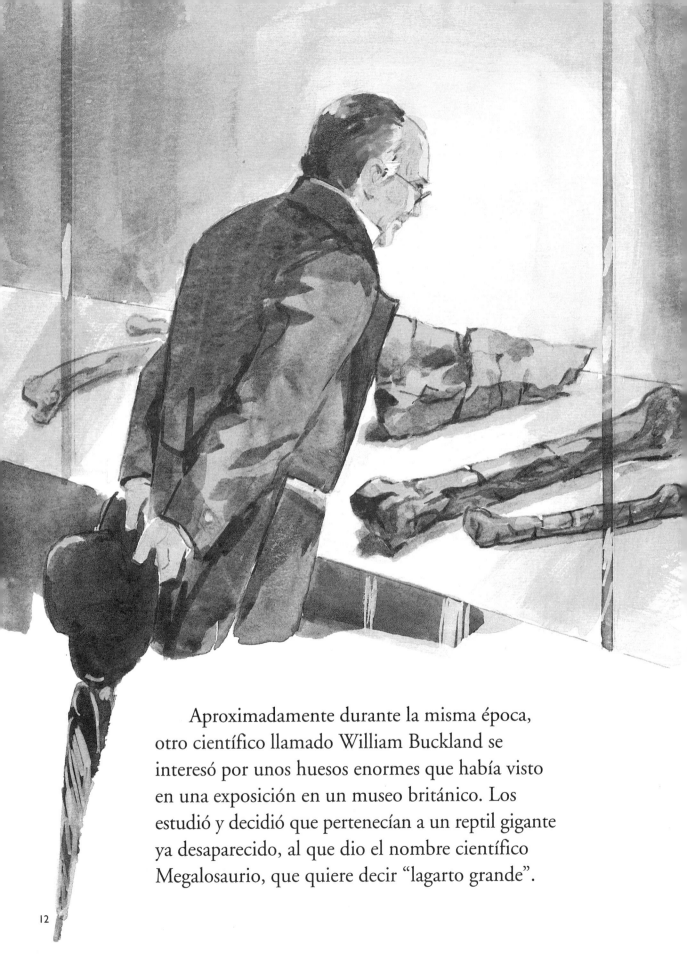

Aproximadamente durante la misma época, otro científico llamado William Buckland se interesó por unos huesos enormes que había visto en una exposición en un museo británico. Los estudió y decidió que pertenecían a un reptil gigante ya desaparecido, al que dio el nombre científico Megalosaurio, que quiere decir "lagarto grande".

A los científicos les encantaba la idea de que hubieran vivido sobre la tierra reptiles gigantescos en el pasado. Continuaron investigando con gran anhelo. Un científico, Sir Richard Owen, decidió que estos seres necesitaban un nombre. Los llamó dinosaurios, que quiere decir "lagartos terribles".

Cuando las personas oyeron hablar por primera vez de los dinosaurios, se entusiasmaron tanto como los científicos. Querían saber lo más posible sobre estos seres.

Los científicos hicieron modelos a tamaño real del aspecto que ellos pensaban que tenían el iguanodonte y el megalosaurio, y los presentaron en una exposición pública en Londres. Los científicos cometieron muchos errores porque solamente tenían unos pocos huesos que pudieran confirmar sus ideas. Pero estaban tan orgullosos de su trabajo que dieron un banquete elegante en el interior del modelo, a medio terminar, del iguanodonte.

Se necesitaron muchos años de estudio y muchos descubrimientos más antes de que los científicos se dieran cuenta de algunos de los errores que habían cometido. Pero finalmente aprendieron que tanto el iguanodonte como el megalosaurio (los primeros dinosaurios conocidos) caminaban sobre dos patas traseras, y no sobre cuatro patas, y que el iguanodonte tenía una púa en su dedo pulgar y no en la nariz. Además aprendieron que todos los dinosaurios mantenían sus patas erguidas debajo del cuerpo y no

extendidas a cada lado del cuerpo, como es el caso de los lagartos.

Con el transcurso de los años, los científicos han aprendido que existían muchos otros tipos de dinosaurios. Todavía continúan descubriendo cosas sobre los dinosaurios y corrigiendo los errores cometidos en el pasado. Por ejemplo, no hace mucho tiempo descubrieron que a un dinosaurio le habían dado dos nombres diferentes.

17

Hace más de cien años, los científicos encontraron huesos de un dinosaurio gigantesco al que llamaron Apatosaurio. Dos años después, descubrieron más huesos. No se dieron cuenta de que esos huesos también pertenecían al Apatosaurio, y por eso le dieron al dinosaurio un nombre nuevo: Brontosaurio. Puesto que Apatosaurio fue el primer nombre que se le dio al dinosaurio, ése es el nombre correcto.

Posteriormente los científicos cometieron otro error. Tanto el "Brontosaurio" como el Apatosaurio fueron descubiertos sin cabeza. Cuando los científicos juntaron los huesos para componer el esqueleto, utilizaron un cráneo pequeño y grueso que se había encontrado a varios kilómetros de distancia de los demás huesos. Los científicos no descubrieron hasta muchos años después que el Apatosaurio en realidad tenía una cabeza larga y delgada. ¡Tardaron cien años en dar con la forma correcta del Apatosaurio!

En otra ocasión descubrieron que un artista había dibujado el hipsilofodonte con una garra orientada hacia atrás. Esto hacía que su pie se pareciera al de un pájaro. Los científicos se imaginaron al hipsilofodonte viviendo en árboles, y agarrándose a las ramas. Cuando descubrieron que la garra realmente debía estar orientada hacia el frente, ¡tuvieron que bajar al hipsilofodonte de los árboles!

Lo más importante que han descubierto es que los dinosaurios no eran animales lentos, estúpidos y torpes como creían los científicos en el pasado.

Los científicos saben que descubrimientos futuros probablemente cambien algunas de las ideas que tenemos en la actualidad. Todos los fósiles que han descubierto hasta ahora, muestran solamente una parte pequeña del mundo de los dinosaurios. Los científicos esperan descubrir todavía más, pero la mayoría de los dinosaurios no dejaron huellas que confirmen su existencia.

Cuando un dinosaurio moría, los demás animales generalmente venían a comérselo. Y si no se lo comían, el sol, el viento y la lluvia generalmente transformaban en polvo al dinosaurio, con huesos y todo. El viento y la lluvia además borraban las huellas.

Sin embargo, de vez en cuando, un dinosaurio quedaba enterrado poco después de morir, probablemente en el barro en el fondo de un lago. Con el transcurso del tiempo, el dinosaurio se enterraba más y más. Las partes blandas de su cuerpo se descomponían, pero las partes duras se volvían piedra si no se las molestaba. Podían permanecer así bajo tierra durante millones de años, hasta que el viento y la lluvia las dejaban al descubierto, o hasta que las personas las desenterraban.

Aunque esto no ocurría con frecuencia, sí ocurrió con bastante frecuencia como para ofrecer a los científicos datos importantes.

Los científicos pueden juntar los huesos y calcular entonces dónde se colocaban los músculos. Esto les indica qué aspecto tenían los dinosaurios diferentes y cómo se movían.

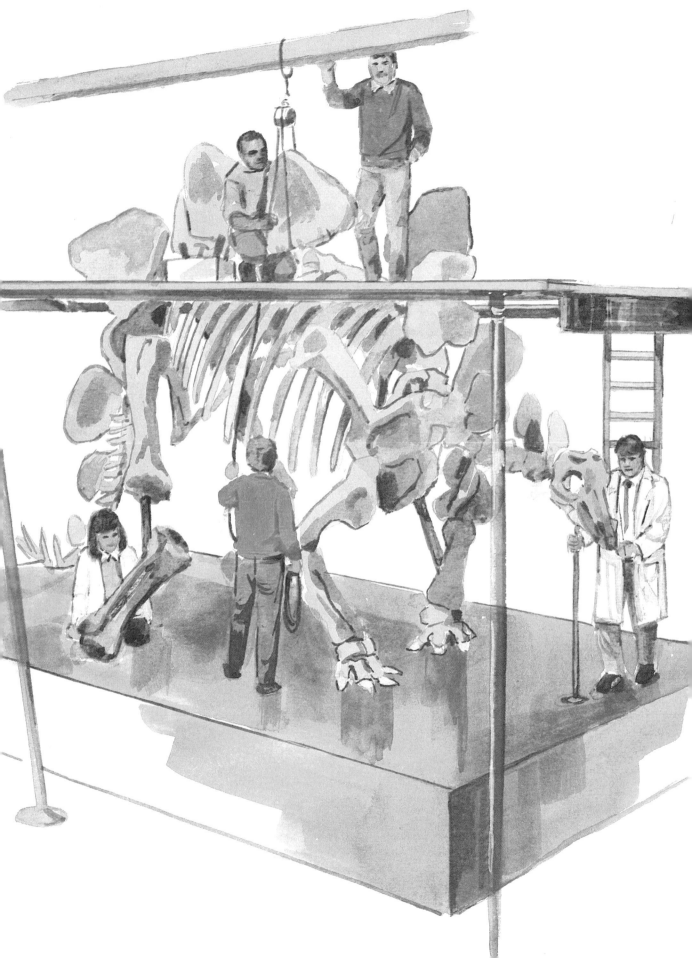

Los dientes de dinosaurios también pueden enseñarnos muchas cosas. El tamaño y la forma de los dientes les indica a los científicos si el dinosaurio se alimentaba con plantas, carne o con ambos.

Las garras y los cuernos nos enseñan cómo
atacaban o se defendían los dinosaurios.

La distancia entre las huellas de los pies indica a los científicos a qué velocidad se movían los dinosaurios. Cuando descubren huellas de muchos dinosaurios juntos, los científicos saben que ese tipo de dinosaurio viajaba en manadas.

Los científicos han encontrado incluso nidos y huevos de dinosaurios fosilizados, que nos han enseñado mucho sobre cómo cuidaban a sus crías algunos dinosaurios.

Reunir las pistas que los dinosaurios nos han dejado sobre su mundo, es como tratar de componer un rompecabezas gigantesco al que le faltan la mitad de las piezas. Pero las piezas que los científicos han podido reunir muestran que el mundo de los dinosaurios era verdaderamente fantástico y misterioso.

¡A divertirse con los dinosaurios!

¿Verdad que resultaría emocionante ir a una excavación de dinosaurios y descubrir algunos de sus huesos? Tú puedes suponer que eres un científico a punto de realizar un descubrimiento importante. Para ello vas a necesitar:

- huesos de pollo limpios
- yeso y agua (y una lata para mezclarlos)
- un recipiente de plástico o metal, de 5 centímetros de profundidad por lo menos
- un martillo y un clavo

1. Mezcla el yeso según las indicaciones que aparecen en el envase. Vierte la mitad del yeso en el recipiente, de modo que tenga 1,25 centímetros de profundidad.
2. Pon los huesos de pollo en el yeso cuando todavía está húmedo.
3. Vierte el resto del yeso por encima de los huesos para cubrirlos completamente.
4. Cuando el yeso se haya endurecido por completo, da la vuelta al recipiente para sacar el molde de yeso.
5. Imagínate que eres un científico y, con mucho cuidado, desportilla todo el yeso con el clavo y el martillo, y trata de poner al descubierto los huesos de "dinosaurio".